T

DE

PROPRIÉTÉ

dans ses rapports

AVEC LA LITTÉRATURE
ET LES ARTS.

Par M. Desprez.

Il n'est pas de propriété plus incontestable, plus
personnelle que la propriété des ouvrages d'esprit.

A PARIS,

CHEZ PILLET AINÉ, IMPRIMEUR-LIBRAIRE,

ÉDITEUR DU VOYAGE AUTOUR DU MONDE,

De la collection des Mœurs Françaises, Anglaises, Italiennes, etc.,

RUE DES GRANDS-AUGUSTINS, N° 7 ;

ET CHEZ LES MARCHANDS DE NOUVEAUTÉS.

1825.

F

DU DROIT

DE

PROPRIÉTÉ

dans ses rapports

AVEC LA LITTÉRATURE

ET LES ARTS.

Par M. Desprez.

Il n'est pas de propriété plus incontestable, plus personnelle que la propriété des ouvrages d'esprit.

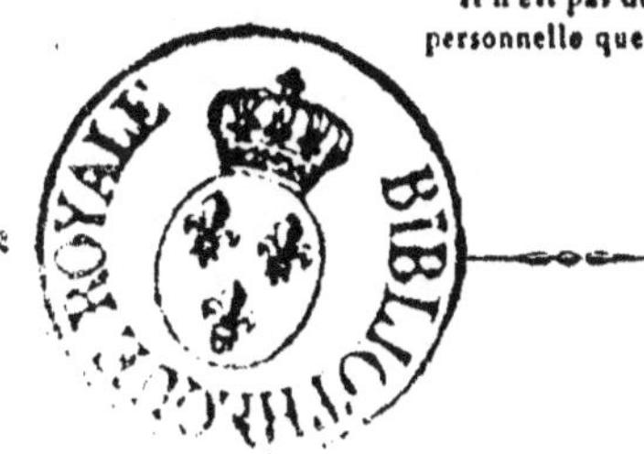

A PARIS,

CHEZ PILLET AÎNÉ, IMPRIMEUR-LIBRAIRE,

ÉDITEUR DU VOYAGE AUTOUR DU MONDE,

De la collection des Mœurs Françaises, Anglaises, Italiennes, etc.,

RUE DES GRANDS-AUGUSTINS, N° 7 ;

ET CHEZ LES MARCHANDS DE NOUVEAUTÉS.

1825.

DU DROIT

DE

PROPRIÉTÉ

dans ses rapports

AVEC LA LITTÉRATURE ET LES ARTS.

CHAPITRE PREMIER.

DE LA PROPRIÉTÉ.

Le respect du droit de propriété est, sans contredit, la base la plus ferme, la plus solide des gouvernemens; seule, elle a parfois suppléé toutes les autres, et toutes les autres ensemble ne pourront jamais la suppléer. En formant des sociétés, le but principal des hommes était de consolider dans leur famille la possession des avantages qu'ils avaient acquis et qu'ils acquerraient; ils voulaient que personne ne pût, à l'avenir, les troubler dans la jouissance de leurs biens, et cette volonté est encore aujourd'hui la même. Le respect du droit de propriété satisfait donc un besoin impérieux du corps social, et tout gouvernement, qui s'en fait une règle de conduite, associe par cela même aux intérêts de sa conservation ceux des gouvernés qui possèdent quelque chose, c'est-à-dire, la presque totalité de la nation à la tête de laquelle il se trouve placé.

Des publicistes, des historiens, se sont étonnés, en voyant les *Rois Capétiens* maintenir, pendant plus de huit siècles, leur domination en France, malgré des invasions étrangères, et des guerres intestines, qui, chez tout autre peuple, eussent suffi pour renverser la dynastie et changer la forme du gouvernement. Ce problème leur a semblé insoluble. En vain ils ont exploré les événemens politiques, le mode d'existence des pouvoirs, l'état de l'Europe : ces recherches ont été et devaient être infructueuses; car, c'est dans l'organisation de notre système de propriété, et là seulement, que résidait la cause de cette étonnante longévité d'un empire. En tournant les yeux de ce côté, ils auraient vu que par un effet du hasard, ou peut-être de la prudence de nos anciens rois, toujours la propriété avait été plus fortement, plus énergiquement constituée en France, que chez les nations voisines.

Dans les tems d'ignorance, au onzième siècle, lorsque nos aïeux, guerriers et à demi barbares, ne connaissaient d'autres biens que leurs terres et leurs châteaux, d'autre droit que la force, le régime féodal, qui se consolida sous Hugues Capet, vint garantir à chacun la possession paisible de ses propriétés. Tout manoir, chaque arpent de terre relevait alors d'un seigneur, que son propre intérêt obligeait à protéger ses vassaux contre la violence et les usurpations. Si ce seigneur était moins puissant que l'oppresseur, il pouvait appeler à son aide le suzerain, qui lui-même relevait du roi. De cette manière, la protection royale s'étendait, soit directement, soit par des intermédiaires, et sur les plus humbles possesseurs d'arrière fiefs, et sur les grands vassaux de la couronne.

Je ne prétends pas, comme le marquis de Boulainvilliers, que le régime féodal soit *le chef-d'œuvre de l'esprit humain;* mais dans les tems de barbarie, il fut, je le pense, la seule barrière assez forte pour défendre les propriétaires contre des envahissemens, et les maintenir paisibles au milieu des guerres continuelles des seigneurs terriens.

A l'époque où les propriétés industrielles prirent chez nous quelque importance, elles eurent à leur tour besoin d'une protection toute spéciale; il fallait, pour ainsi dire, les soutenir à la lisière. Les maîtrises, les corporations, furent créées, et elles protégèrent le commerce, l'industrie naissante, en centralisant beaucoup de petites forces, qui, séparées, eussent été incapables de résister à la moindre attaque, et dont le faisceau formait une puissance respectable. Ainsi, ces institutions, contre lesquelles on a tant déclamé, loin d'être des entraves imposées *par la tyrannie et la sottise*, furent au contraire des appuis et des soutiens, que rendait nécessaires l'imperfection des lois et de la police.

Le tems produisit son effet accoutumé; il consolida l'édifice de la fortune publique, et détruisit insensiblement l'échafaudage sans lequel on n'aurait pu l'élever; les faibles traces qui en restaient encore il y a quarante ans auraient promptement disparu, quand tout à coup un esprit de vertige et d'innovation envahit la France entière, et des hommes habiles à détruire saisirent les rênes du gouvernement. Ils voulaient changer la face du royaume ; que firent-ils? Ils rendirent toute propriété précaire ; ce moyen était infaillible.

L'anarchie régna seule en France pendant quinze longues années, et le despotisme recueillit son héritage. Mais, par sa nature même, le despotisme tend à devenir seul propriétaire des biens et des hommes ; son égoïsme ne put long-tems lutter contre l'égoïsme de trente millions d'hommes, qui avaient senti leurs forces ; il succomba donc, et nous revîmes les fils de nos anciens rois.

Louis XVIII, fidèle aux traditions de ses pères, reconstitua chez nous la propriété ébranlée par de si terribles secousses, pour lui rendre son antique stabilité ; il sacrifia à l'intérêt du plus grand nombre, et ses affections personnelles, et l'équité. Il ratifia une grande injustice. En mourant, il légua à son frère le soin de la réparer.

Charles X était peut-être le seul prince capable d'exécuter sans danger la dernière volonté de Louis, et de poser une arche d'alliance entre la France nouvelle et l'ancienne France. Les dix ans qui venaient de s'écouler avaient été marqués par des débats et des agitations continuels ; les partis commençaient à comprendre qu'ils étaient isolés dans la nation ; cependant ils gardaient encore une attitude hostile, tant il est pénible d'avouer ses fautes, et de reconnaître sa faiblesse. La guerre d'Espagne, enfin, révélant notre puissance militaire et politique, venait de confondre ces gens qui, depuis la restauration, calomniaient le présent au profit du passé. Voilà les forces et les succès qu'il fallait se faire pardonner. Au milieu de ces circonstances, plus la monarchie se trouvait affermie, plus il était difficile au prince de ramener à lui les gens de parti et de s'en faire aimer. L'habileté n'eût pas suffi ; la sévérité, un trop exact souvenir des hommes et de leurs actions, eussent fait évanouir promptement la possibilité d'un rapprochement général. Mais apparut au milieu de nous un roi clément, affable comme Henri IV ; un roi qui sut parer des plus aimables qualités de grandes vertus et de grands talens ; il tendit la main à tous ; il appela et les serviteurs fidèles, et les mécontens ; tous accoururent, et bientôt il n'y eut plus en France que des sujets dévoués. Charles fit aux diverses opinions les concessions possibles ; il adoucit les esprits aigris, enchanta le peuple par sa bonté, et prépara, par sa justice et son indulgence, l'accomplissement du devoir que son frère lui avait confié.

Il s'accomplit bientôt ce devoir, et grâce à la loi d'indemnité, la France, qui depuis deux lustres rougissait en présence de cent mille propriétaires spoliés, la France put désormais posséder sans honte le fruit des violences révolutionnaires. Malgré les efforts de Louis XVIII, la propriété des biens ravis aux émigrés était demeurée incertaine ; les hommes sages hésitaient entre un droit imprescriptible et la force revêtue de la sanction du tems. La loi d'indemnité vint résoudre leurs doutes ; et par elle cette propriété précaire devint certaine, puisque son origine fut purifiée.

La sagesse réclamait sans doute ce gage de tranquillité ; mais, dans la pensée du roi, la loi d'indemnité fut plutôt encore un acte d'équité que de sagesse. En l'accordant, il voulut rendre à chacun ce qui lui appartenait, et réparer, sinon les crimes, du moins les iniquités révolutionnaires. Cette volonté, nous la trouvons dans ses paroles, dans les discours de ses commissaires, de ses ministres. Nous la découvrons dans toute la vie du prince qui a connu le malheur, et surtout dans le cœur du roi religieux.

Un désir aussi sacré deviendra, n'en doutons pas, fécond en grands résultats; et s'il ne les produit pas tous dès aujourd'hui, c'est qu'il faut souvent des siècles pour réparer ce que l'on a détruit en un jour. Gardons-nous donc de demander au présent ce que l'avenir seul nous promet. Mais aussi appelons de nos vœux, sollicitons à haute voix la prompte réparation des injustices qui, dès aujourd'hui, peuvent être effacées; ce sera seconder la volonté du roi, et nous associer en quelque sorte à ses bienfaits.

C'est dans cette intention, que nous signalons publiquement l'acte funeste et tyrannique de la convention nationale, qui priva une foule de citoyens du fruit de leurs travaux, et anéantit une classe de propriétaires. Nous voulons parler du décret de 1793, concernant la propriété des ouvrages d'esprit.

Dans le moment où la propriété territoriale vient d'être affermie à jamais ; dans le moment où l'industrie et le commerce atteignent le plus haut degré de prospérité, on laisserait incomplet le système de consolidation générale, si rien n'était tenté en faveur des auteurs, des artistes et de leurs familles.

En appelant sur cette matière l'attention

publique , nous irons au devant des intentions paternelles du monarque , protecteur des arts, et nous déroberons une pensée d'amélioration au zélé serviteur, que son nom et ses lumières rendent si digne de seconder les vues bienfaisantes de Charles X.

Tout a été dit en faveur des lettres et des arts ; chacun convient que ceux qui les cultivent méritent notre amour et notre reconnaissance ; qu'ils procurent à l'homme, digne de ce nom, les jouissances les plus pures. Notre enfance leur doit le développement de ses facultés intellectuelles ; notre jeunesse des émotions délicieuses ; notre âge mûr des occupations agréables , souvent même des consolations. Aussi, le respect, l'admiration qu'ils nous font éprouver , vont parfois jusqu'au culte. Pendant leur vie , nous honorons ces hommes divins ; nous les comblons d'éloges, d'applaudissemens ; mais par un bizarre retour, quand ils sont morts , nous déshéritons leur famille , nous privons leurs malheureux enfans du produit des travaux d'un père.

Il n'est pourtant pas, il faut en convenir, de propriété plus incontestable, plus personnelle que la propriété des ouvrages d'esprit. Il n'en est pas qui émane plus directement de l'homme, et qu'il puisse plus justement dire sienne. Par quelle fatalité donc semble-t-il équitable de dépouiller d'un bien si sacré, si légitimement acquis la postérité de ceux dont les travaux nous illustrent et nous éclairent ? Pourquoi ne se fait-on aucun scrupule de blesser des bienfaiteurs dans leurs affections les plus chères? Comment enfin une telle injustice a-t-elle pu durer en France pendant plus de trente ans, malgré les réclamations qui se sont élevées fréquemment pour en demander la réparation? Ces inconséquences, cette injustice, ont les mêmes causes : la mauvaise foi et l'ignorance, qui, depuis 1791, semblent s'être associées pour faire méconnaître, aux législateurs et au public, la véritable nature, et les caractères différens de la propriété des auteurs.

Dans les ouvrages des littérateurs et des artistes, il y a deux choses qu'il serait important de bien distinguer, et que l'on a toujours confondues. Dabord l'*œuvre* elle-même, abstraction faite de tout moyen de publication, et considérée purement sous le rapport des arts et de la littérature; les vers du poète, les chants du musicien, la composition du peintre. Ces émanations de leur pensée, ces fruits de leur imagination , sont sans contredit destinés au public , et sitôt qu'on les lui livre, il peut en prendre possession , c'est-à-dire, imiter le style, apprendre, écrire, réciter les chants et les vers , n'eussent-ils été publiés que de vive voix. Dans ce sens, les ouvrages deviennent la propriété de tous , et l'empressement que le public met à s'en saisir fait la gloire des auteurs et non le sujet de leurs plaintes.

Mais par les divers modes de publications adoptés (l'impression, la gravure, la représentation théâtrale), ces ouvrages sont l'occasion d'un gain parfois considérable. Sous ce nouveau point de vue, leur nature est toute différente ; car, dès qu'un livre est imprimé ; dès qu'une partition, un dessin, sont gravés , nous ne devons plus voir dans les exemplaires de l'édition que des marchandises, des productions industrielles, à la confection desquelles concourent d'une part l'auteur, qui a inventé, et de l'autre le graveur, l'imprimeur, le libraire, qui mettent en œuvre. Cette invention, en tant que nous la considérons comme mercantile , est propriété privée , transmissible de la même manière que tout autre droit incorporel. En effet, l'on ne peut contester à personne la propriété de ce qu'il créc, et sa volonté seule est capable de l'en dessaisir ; or, en publiant, quel est le but de l'auteur ? d'offrir à tous l'exercice voluptuaire de sa propriété, en conservant pour lui-même l'exercice utile ; que le public prenne donc ce que l'auteur lui donne, et qu'il respecte ce que l'auteur retient ; si quelqu'un en agit autrement, et détourne pour lui-même cette invention, comme source d'un profit, il commet un véritable larcin, que les lois doivent punir.

Ainsi, voilà ce qu'il eût fallu distinguer, dans les ouvrages d'esprit, pour prononcer sagement sur les droits des auteurs :

L'Œuvre, considérée sous le rapport des arts et des lettres ;

Et l'Ouvrage (1), considéré sous le rapport commercial ; c'est parce que l'assemblée constituante et la convention n'aperçurent pas ces différens caractères, qu'elles affirmèrent et écrivirent dans leurs décrets que *tout ouvrage publié est une propriété publique.*

Non-seulement une telle décision blessait

---

(1) « L'œuvre est l'action faite par une puissance, l'ouvrage
» est le travail, ce qui reste ou résulte de ce travail ; la force
» productive est dans l'œuvre, l'effet de son action dans l'ou-
» vrage ; *l'œuvre est la production, le livre est l'ouvrage.* »
(*Synonymes français* de Roubaud, t. III, v° œuv.)

les lois de l'équité, mais elle était contraire au progrès des sciences et des arts; elle devait contribuer à en ramener la décadence; car chaque homme veut assurer à ses enfans une vie au-dessus du besoin, et ce désir que tous éprouvent, le littérateur, l'artiste, le ressentent plus vivement encore, tant ils ont connu le prix de l'indépendance. En expropriant leur famille, vous supprimez donc l'un des motifs qui devaient leur faire entreprendre des ouvrages durables; en les habituant à ne compter que sur les profits du moment; en les empêchant de voir dans l'avenir des bénéfices pour leurs enfans, à côté de leur propre gloire, vous les forcez à négliger cette même gloire, et l'utilité publique, à s'occuper de ces futiles productions qui valent aux auteurs plus d'argent que de renommée. Je suis loin de prétendre que l'homme de talent, de génie, n'aperçoit dans ses œuvres qu'un moyen de gain; qu'il ne compose, ne se livre à ses inspirations, qu'excité par l'appât d'un profit! Mais j'affirme que, parfois, les devoirs de père et d'époux ont pu détourner l'écrivain et l'artiste d'une route qu'ils eussent tentée, si les intérêts de leur gloire et ceux de leur famille eussent été les mêmes.

Les arts, la littérature du siècle témoignent assez de la vérité de ces observations. Les productions de notre âge sont presque toutes éphémères; les vaudevilles, les mélodrames, les petites comédies ont remplacé les ouvrages dramatiques de longue haleine. Chaque mois voit naître et mourir une multitude de romans, de brochures, de pamphlets et de mémoires. Nos peintres font des lithographies et des tableaux de genre; nos sculpteurs des portraits en plâtre; nos musiciens des romances et des nocturnes. A peine voit-on paraître de loin en loin quelque ouvrage adressé à la génération suivante, et ce sont des prodiges inconnus à nos jours, que ces Œuvres sublimes, fruits des travaux et des veilles de toute une longue vie, que Montagne, Labruyère, Montesquieu, Buffon léguaient à leurs descendans comme un héritage impérissable.

Sous l'ancienne monarchie, l'on avait senti l'importance de la propriété littéraire. De sages lois avaient concilié le respect qui lui était dû, les intérêts commerciaux et les précautions que l'on croyait devoir à la tranquillité publique. Depuis l'arrêt du conseil de 1777, qui reconnut, de la manière la plus formelle, l'inviolabilité du droit des auteurs, notre législation ne laissait sur ce point rien à désirer; on pouvait la considérer comme complète. C'est donc une grave erreur, de voir une amélioration dans le sort fait aux auteurs par les lois révolutionnaires.

Le coup d'œil que nous allons jeter sur cette législation et celle des tems antérieurs, montrera comment Louis XVI entendait la propriété littéraire, et ce que l'on doit penser des bienfaits accordés aux arts et aux lettres en 1793.

CHAPITRE II.

DE LA PROPRIÉTÉ DES OUVRAGES D'ESPRIT AVANT 1789.

Le décret de 1793 a seul assimilé la propriété des ouvrages d'art à la propriété littéraire. Avant 1789, des règlemens, qui étaient plutôt des actes de police que de législation, garantissaient aux peintres, aux musiciens, aux sculpteurs la jouissance de leurs œuvres. Ceux de ces règlemens que nous connaissons portent une date assez récente, et nous ne croyons pas qu'il en existe de très-anciens. La propriété des ouvrages d'art qui se reproduisent par la gravure, le moulage, avait jadis chez nous peu d'importance; et il ne semblait pas nécessaire de protéger un droit que personne n'attaquait. La propriété littéraire, au contraire, a, dès le seizième siècle, obtenu une importance considérable : car la littérature est, depuis l'invention de l'imprimerie, une force toujours active, toujours croissante,

qui se mêle à tout, qui influe sur la politique,
les mœurs, la religion ; qui joue enfin , dans
les états modernes, le même rôle que l'élo-
quence de la tribune dans les républiques
grecques et romaines. Aussi nos anciens rois
s'étaient-ils efforcés, sinon de contenir, du
moins de diriger cette puissance. C'est à ce
but que tendaient leurs nombreuses lois sur
la librairie Nous allons examiner sommaire-
ment ces lois dans leurs rapports avec la propriété littéraire , et nous négligerons les règlemens sur les ouvrages d'art, nous contentant
de faire observer que le même respect de la propriété des auteurs, qui se fait remarquer dans
les dernières lois sur la librairie , respire dans
ces règlemens que nous passons sous silence.

La propriété littéraire est née avec l'art de
l'imprimerie, c'est-à-dire vers le milieu du
quinzième siècle (1). Avant cette grande dé-

(1) Aujourd'hui, qu'il est d'usage de contester toutes les
opinions les plus accréditées, quelques gens s'efforcent de reculer au onzième siècle l'invention de l'imprimerie, et, pour
ce faire, ils confondent cette découverte avec celle de la
chirotypographie (art d'imprimer à la main), que des moines
pratiquaient dès l'an 1040. Or, je le demande, quelle com-
paraison y a-t il à faire de l'imprimerie, telle que l'inventè-
rent Coster et Guttenberg, qui, en peu de jours, peut reproduire un nombre infini d'exemplaires d'un même ouvrage.

2

couverte, un livre était une chose si rare, si précieuse, que les auteurs, loin de se faire payer un droit par ceux qui copiaient leurs ouvrages, devaient être fort reconnaissans des peines que l'on se donnait pour les arracher à l'oubli. En 1332, à Paris, un traité en quatre volumes était vendu 40 livres (somme énorme pour le tems), et l'on passait acte de cette vente (1).

En 1378, la bibliothèque du roi Charles V se composait de neuf cents volumes, et cette collection semblait immense (1).

et du procédé grossier de ces moines, qui appliquaient à la main, sur un seul exemplaire, et l'un après l'autre, des caractères de bois imbus d'une substance colorante ? La chirotypographie ne devait être pratiquée que par les moines qui ne savaient pas écrire ; car le procédé de l'écriture est beaucoup plus simple et plus expéditif. (Voyez *Apologia Dei secoli barbari*. Bologna , 1823.)

(1) Voici l'extrait de ce contrat :

« Pardevant les notaires, etc., Geoffroy de Saint-Léger, l'un des clercs libraires de l'université de Paris, etc., certifie avoir vendu et transporté, sous l'hypothèque de tous ses biens, et garantie de son corps même, un livre intitulé : *Speculum historiale in consuetudines parisienses*, divisé et relié en quatre tomes, couverts de cuir rouge, à noble homme messire Gérard de Montague, avocat du roi au parlement, etc, pour la somme de quarante livres parisis, dont ledit libraire tient pour content et bien payé. »

(2) Le roi Jean, son père, ne possédait que huit ou dix volumes.

L'imprimerie fut d'abord peu connue en France : les troubles du règne de Charles VII s'opposèrent aux progrès de cet art naissant. Sous Louis XI et Charles VIII, il prit son essor, et les imprimeurs obtinrent divers priviléges. Dans ses lettres-patentes de mars 1488, ce dernier prince les mentionne comme membres de l'université de Paris. A cette époque, où peu de gens savaient lire, où l'impression était encore très-coûteuse, l'on n'imprimait guère que des livres saints, des missels, des bréviaires et des recueils de lois ; c'est ce que témoigne la déclaration donnée à Blois, par Louis XII, le 9 août 1513, ainsi conçue :

« Pour quoi nous, ces choses considérées,
» voulant notre dite fille l'université de Paris
» et suppôts d'icelle, et mêmement lesdits
» libraires, relieurs, illumineurs (1) et escri-
» vains, qui sont les vrais suppôts de l'uni-
» versité, être entretenus en leurs libertés et
» priviléges. . . . . et pour la considéra-
» tion du grand bien qui est advenu en notre
» royaume, au moyen de l'art et science de

(1) Les illumineurs ou enlumineurs coloraient les manuscrits ; ils employaient principalement leur talent à décorer les lettres initiales des chapitres, livres, ou autres divisions des ouvrages.

» l'impression, l'invention de laquelle semble
» être plus divine qu'humaine, laquelle, grâce
» à Dieu, a été inventée et trouvée de notre
» tems, par le moyen et industrie desdits li-
» braires; par laquelle notre sainte foi catho-
» lique a été grandement augmentée et corro-
» borée, justice mieux entendue et adminis-
» trée, et le service divin plus honorablement
» et plus curieusement fait, dit et célébré; au
» moyen de laquelle tant de bonnes et salu-
» taires doctrines ont été manifestées, com-
» muniquées et publiées à tout chacun et autres
» innumérables biens qui en sont procédés et
» procèdent encore chacun jour à l'honneur
» de Dieu et augmentation de notre dite foi
» catholique comme dit est. Pour ces causes....
» .... voulons que iceux libraires, relieurs,
» illumineurs et escrivains jurés de ladite uni-
» versité, lesquels, comme dit est, ne sont au
» nombre que de *trente*, etc. »

Cette déclaration nous prouve que l'on n'a-
bandonna pas de suite les manuscrits; car à
côté des libraires, l'on y voit figurer les écrivains jurés de l'université et les enlumineurs
(illumineurs). Elle montre aussi combien de-
vraient être rares les livres imprimés, puisque
les libraires, avec les relieurs et les copistes

jurés de l'université, n'étaient qu'au nombre de trente.

Sous Louis XII, et au commencement du règne de François Ier, l'imprimerie fit des progrès considérables; peu à peu son domaine s'étendit, l'on exhuma des bibliothèques monastiques d'anciens auteurs latins, quelques vieilles chroniques, des ouvrages de poésie; et la presse leur donna une vie nouvelle. Ces livres, accueillis avec empressement, éveillèrent en France le goût des sciences et des lettres; le public s'éclaira, et l'on vit renaître tous les arts.

Jusque là, on n'avait connu que les bienfaits de la découverte nouvelle : l'on en sentit bientôt les dangers. Le protestantisme s'en fit une arme puissante pour influer sur l'esprit des peuples et susciter des querelles religieuses. D'un autre côté, l'introduction de l'imprimerie avait ruiné tous les copistes et enlumineurs de manuscrits, qui, à Paris seulement, étaient au nombre de six mille et plus; il y avait donc des mécontens. A la fin de l'année 1534, les protestans placardèrent dans tout Paris un imprimé où les cérémonies les plus saintes du catholicisme étaient tournées en dérision, où l'on prodiguait aux catholiques les injures et les insultes ; les réformés osèrent même placer ce placard dans l'intérieur du palais et sur la porte de la chambre du roi.

François Ier, justement irrité, prêta l'oreille aux craintes de ses conseillers, et aux cris des mécontens ; et le 13 janvier 1535, il supprima toutes les imprimeries ; mais bientôt après (par ses lettres du 26 février), il les rétablit, sous condition que l'on n'imprimerait à l'avenir aucun ouvrage nouveau, et que les anciens ne pourraient être publiés sans l'approbation de douze censeurs, qui furent nommés sur la présentation du parlement.

Au commencement des querelles de religion, et jusqu'en 1566, l'imprimerie fut, tantôt tolérée, tantôt entravée ; en 1549, on la soumit à l'inspection de la Sorbonne ; enfin, l'ordonnance de Moulins (1566), en créant les priviléges, réserva au roi seul le droit de censure : l'article 78 « défendit à toutes per- » sonnes d'imprimer ou faire imprimer au- » cuns livres ou traités sans congé, permis- » sion ou privilége expédiés sous le grand » scel du roi. » Par cette ordonnance, la propriété littéraire obtint quelque garantie ; le privilége d'imprimerie n'étant accordé, lorsqu'il s'agissait d'ouvrages modernes, qu'aux libraires qui pouvaient justifier de l'autorisation des auteurs.

Il y avait différence entre les permissions et les priviléges ; les premières étaient en général accordées pour la réimpression des livres dont personne ne pouvait réclamer la propriété ; les auteurs grecs et latins ; les anciens ouvrages français ; les livres saints , et tous les autres livres, après l'expiration des priviléges. Une permission accordée à un libraire n'empêchait pas qu'il n'en fût délivré une semblable à tout autre qui la réclamait. Les priviléges, au contraire, conféraient le droit exclusif d'imprimer certains livres pendant un tems fixé. On les accordait pour les livres nouveaux ou inédits, ou pour des ouvrages déjà publiés , dont la réimpression , utile aux sciences et dispendieuse pour le libraire, méritait quelque faveur. Ces deux espèces de priviléges étaient quelquefois prorogés.

En justice rigoureuse , les priviléges des livres nouveaux auraient dû être perpétuels ; mais comme les libraires achetaient des auteurs l'entière propriété de leurs ouvrages , un privilége sans fin eût, à l'époque où les livres étaient encore rares , créé dans leurs mains une sorte de monopole, contraire au bien du commerce et aux progrès des sciences.

Les permissions, les priviléges, ne constituaient pas la propriété ; c'étaient, ainsi qu'on a dû le voir ci-dessus, des précautions prises dans l'intérêt de l'ordre public ; le droit des auteurs existait avant et indépendamment de ces autorisations.

L'ordonnance de 1566 fut depuis confirmée par une déclaration du 16 avril 1571, et des lettres-patentes de 1586.

Louis XIII renouvela ces prohibitions, et le premier porta des peines contre les contrefacteurs. Son règlement sur la librairie, rendu en 1618, défendit (art. 33) « de contre- » faire les livres dont il avait été obtenu pri- » vilége , d'acheter ou vendre ceux ainsi con- » trefaits , sous les peines portées auxdits pri- » viléges , » c'est-à-dire , à peine d'amende et de saisie des contrefaçons. Dans l'origine, les amendes furent modiques ; mais l'audace toujours croissante des contrefacteurs obligeant de les augmenter, elles furent progressivement portées jusqu'à la somme de 6000 livres. Les contrefaçons n'en devinrent pas moins fréquentes, et Louis XIV , pour protéger les libraires et les auteurs avec efficacité, ordonna qu'à l'avenir les contrefacteurs seraient considérés comme coupables de vol, et punis de peines corporelles. Telle est la teneur de l'arrêt du conseil de février 1682. Cette décision, qui peut paraître sévère, n'était qu'équitable ; toutefois un édit d'août 1686, et le règlement du 28 février 1723, restreignirent les peines corporelles au cas de récidive.

Dans ces différentes lois et règlemens, les droits des auteurs ne furent pas reconnus d'une manière explicite. On se contenta de protéger les possesseurs ostensibles, car l'on ignorait jusqu'au nom de la *propriété littéraire*. L'on savait bien que tout ouvrage appartient à celui qui l'a composé ; mais dès qu'un libraire avait acheté le droit de faire une édition de cet ouvrage, on pensait qu'il en demeurait seul propriétaire, et que l'auteur ne pouvait plus rien réclamer.

Ce n'est que plus de cinquante ans après le règlement de 1723 que Louis XVI, excité par les réclamations de quelques écrivains, et secondé par le vertueux Malesherbes, fit examiner quelle devait être, en équité, l'étendue du droit des auteurs ; le résultat de cet examen fut l'arrêt du conseil du 30 août 1777, dont nous allons extraire le préliminaire et

les dispositions principales. « Le roi s'étant
» fait rendre compte , etc....., a reconnu que
» le privilége en librairie est une grâce *fondée*
» *en justice*, et qui a pour objet, si elle est
» accordée à l'auteur, de récompenser son
» travail; si elle est obtenue par un libraire ,
» de lui assurer le remboursement de ses
» avances, et l'indemnité de ses frais..... ; que
» l'auteur a sans doute un droit plus assuré à
» une grâce plus étendue....... ; que la perfec-
» tion de l'ouvrage exige qu'on en laisse
» jouir le libraire pendant la vie de l'auteur ;
» mais qu'accorder un plus long terme, ce
» serait consacrer le monopole, ce serait en-
» fin laisser subsister la source des abus et
» des contrefaçons, etc......

» Art. 1er. Aucun libraire et imprimeur ne
» pourront imprimer, ou faire imprimer, au-
» cuns livres nouveaux, sans en avoir préala-
» blement obtenu le privilége.

» Art. 3. Les priviléges accordés seront de
» dix années.

» Art. 4. Ceux qui auront obtenu des pri-
» viléges en jouiront, non-seulement pendant
» tout le tems qui y sera porté, mais encore
» pendant la vie des auteurs, en cas que ceux-
» ci survivent à l'expiration du privilége.

» Art. 5. Tout auteur qui obtiendra en son
» nom le privilége de son ouvrage, aura le
» droit de le vendre chez lui, et jouira de son
» privilége pour lui et ses hoirs à perpétuité,
» pourvu qu'il ne le rétrocède à aucun li-
» braire.......

» Art. 6. Tout libraire et imprimeur pour-
» ront obtenir, après l'expiration du privi-
» lége d'un ouvrage, et la mort de son auteur,
» une permission d'en faire une édition, sans
» que la même permission accordée à un ou
» plusieurs, puisse empêcher aucun autre d'en
» obtenir une semblable, etc., etc. »

Cet arrêt du conseil est certainement la loi
la plus sage qui ait été rendue sur la librairie ;
elle satisfait à tous les besoins et concilie tous
les intérêts. Louis XVI y reconnaît formelle-
ment la propriété littéraire, et la consolide à
jamais sur la tête des auteurs, de leurs descendans et héritiers ; il ne recule pas devant
la conséquence des principes qu'il établit, et
autorise les auteurs à vendre eux-mêmes leurs
ouvrages, sans qu'il leur soit besoin de se
pourvoir d'une maîtrise de libraire.

On avait aperçu depuis long-tems que, dans
le cas où un libraire achetait un ouvrage, l'intérêt public défendait qu'on lui en laissât la

propriété exclusive et perpétuelle, de peur qu'il ne devînt seul arbitre du prix d'un livre, ou même qu'il ne voulût le supprimer tout-à-fait. Pour éviter ce danger, on ne concédait aux libraires que des priviléges temporaires ; mais les délais en étaient beaucoup trop limités ; et de là résultait que, souvent, le libraire propriétaire se voyait dépouillé de son droit avant d'avoir pu réaliser ses avances : ce qui était injuste ; et que les imprimeurs de province, se hâtant à l'expiration des priviléges de publier à leur tour les ouvrages nouvellement tombés dans le domaine public, ne tenaient aucun compte des changemens et améliorations que subissaient ces mêmes ouvrages pendant la vie des auteurs : ce qui multipliait les éditions incomplètes ou fautives.

Afin d'obvier à ces inconvéniens, l'arrêt du conseil accordait aux libraires la jouissance des priviléges jusqu'à la mort des auteurs, et pendant dix ans au moins. Ainsi, quand un ouvrage devenait propriété publique, sa forme était irrévocablement fixée, et le premier éditeur avait pu se couvrir de ses avances, même en recueillir le fruit.

Nous le répétons donc, cette loi satisfit tous les besoins, concilia tous les intérêts, et compléta la législation de la librairie ; aussi fut-elle accueillie avec reconnaissance par les écrivains, et avec éloge par la magistrature. L'avocat-général Séguier, dans le rapport qu'il en fit au parlement, s'attacha surtout à faire ressortir tout ce qu'elle avait de favorable pour les auteurs. « Jusqu'au dix-septième » siècle, dit-il, nous ne trouvons aucune or-» donnance , aucun arrêt, aucune loi dans » laquelle la propriété des auteurs ait été re-» connue ou contestée ; il paraît qu'elle n'a-» vait pas été mise en problème. Dans le dix-» septième siècle, on commença à sentir ce » droit de propriété, et on le reconnut dès » que les auteurs le réclamèrent ; car cette » propriété est incontestable : elle n'est pas » même contestée ; disons mieux, elle est re-» connue, elle est consacrée aujourd'hui, et » l'auteur a droit de jouir de ses ouvrages, » lui et toute sa descendance, ses héritiers et » ayant cause. »

Présentons, en peu de mots, le tableau des garanties qu'avait obtenues la propriété littéraire en 1777.

1°. L'arrêt du conseil, du 30 août, assurait aux auteurs la jouissance de leurs ouvrages, pour eux et leur descendance à perpétuité.

2ᵉ. La nécessité où se trouvait le libraire de justifier de son droit de propriété sur chaque ouvrage pour lequel il réclamait un privilége, empêchait que l'on pût rien imprimer sans le consentement des auteurs. (Loi 1571, etc.)

3ᵉ. Le règlement de 1723 punissait sévèrement les contrefacteurs, et prononçait même contre eux des peines corporelles, en cas de récidive.

Il est évident qu'à cette époque la propriété littéraire était aussi assurée, aussi certaine que la propriété industrielle et que la propriété territoriale.

CHAPITRE III.

DE LA PROPRIÉTÉ DES OUVRAGES D'ESPRIT DEPUIS 1789.

Nous avons vu la propriété littéraire prendre naissance au quinzième siècle; près de trois cents ans s'écoulèrent avant que l'on connût bien sa nature; puis enfin nous l'avons vue proclamée et consolidée sous le règne de Louis XVI.

La scène va maintenant changer de face; au lieu de fonder, on détruira; et ce que les auteurs avaient à peine acquis en trois siècles, on va le leur ravir en un instant.

On accuse généralement les écrivains qui ont vécu sous Louis XV et son successeur, d'avoir fait naître la révolution de 1789, en propageant la doctrine de la souveraineté du peuple. Si l'accusation est fondée, il faut convenir que la qualité de père ne suffisait pas pour échapper à la fureur d'une telle fille;

car, les premiers coups qu'elle porta pour dé-truire la monarchie, atteignirent et les écri-vains et leurs familles. L'un des décrets ren-dus par l'assemblée constituante pendant la *nuit des dupes* (4 août 1789), en déclarant « la presse libre et tous les priviléges abo-lis, » remit en question la propriété litté-raire, puisque d'après l'arrêt du conseil du 3o août 1777, les auteurs et les libraires ne pouvaient user de leurs droits qu'à la faveur des priviléges. Armés de cette loi, les libraires se crurent autorisés à imprimer et vendre, sans le consentement de qui que ce fût, tous les livres publiés jusqu'alors, et ceux que l'on publierait à l'avenir. (1)

Telle avait été, en effet, la pensée des ré-dacteurs du décret ; quant aux autres membres de l'assemblée, ils savaient à peine ce dont il était question ; poussés et exaltés par quel-ques énergumènes ; ils venaient d'improviser une proscription en masse contre tous les *priviléges*; et l'horreur que ce nom leur ins-pirait s'étendant sur tout ce qui l'avait porté,

(1) Plusieurs jugemens et arrêts le décidèrent ainsi, no-tamment l'arrêt de la cour de Metz, rendu le 14 fructidor an 8, contre la veuve de Buffon. La cour de cassation, mue par des motifs d'équité, réforma cet arrêt le 29 thermidor an 11.

l'on eût été mal venu à réclamer auprès d'eux un droit, quelque légitime qu'il fût, si ce droit s'était jadis appelé privilége.

Nous nous assurons pourtant que si le décret du 4 août avait été discuté dans la forme ordinaire, les légistes et les gens de bons sens qui se trouvaient dans l'assemblée constituante, auraient reconnu l'innocence des priviléges en matière de librairie, et se seraient convaincus qu'en les accordant, le roi confirmait un droit préétabli, et consolidait dans la main du privilégié une propriété qui déjà lui était acquise d'après le droit naturel. Mais l'on sait qu'il n'en fut pas ainsi ; que cette loi, proposée avec tant d'autres à l'improviste, fut votée par acclamation ; que la république des lettres, la noblesse, le clergé, de nombreuses villes et des provinces entières, furent, dans l'espace de quelques heures, jugées en dernier ressort, sans qu'il fût permis à personne d'élever la voix en leur faveur. Voilà comment les apôtres de la modération, de la sagesse et de la liberté, préludaient à notre régénération politique.

Les auteurs ne pouvaient demeurer dans la situation où la loi nouvelle les plaçait, car elle ne leur laissait que le *privilége* de mourir

de faim , à côté des libraires enrichis de leurs
dépouilles. Il était également impossible que
l'assemblée revînt sur *un décret du 4 août* ;
c'eût été avouer qu'elle avait erré , et en révolution, on ne convient pas de ses fautes.
Que fit-elle ? Elle bâtit un système, d'après
lequel les auteurs étaient considérés comme
n'ayant aucun droit sur leurs ouvrages ; la
propriété, disait-on , en appartenait à la nation ; puis la nation, toujours généreuse et
magnanime, faisant d'un principe une exception , cédait aux auteurs la jouissance tempo-
raire de ce qu'elle leur avait ravi. Tel est en
effet le résultat de la discussion qui précéda
l'adoption du décret rendu le 13 janvier 1791,
sur les ouvrages dramatiques et les spectacles ;
il fut dit : « Que tout auteur, en publiant un
» ouvrage, le livrait entièrement au public ;
» Que le public l'acceptait ou le rejetait à
» son gré ;
» Que là devaient finir tous leurs rapports ,
» puisque c'était une donation répudiée ou
» acceptée irrévocablement ;
» Que toutefois l'on avait considéré qu'il
» était convenable de faire jouir un auteur de
» son travail, et de lui conserver le droit de
» disposer de son ouvrage pendant sa vie ,

» mais que c'était une exception , et qu'il ne
» fallait pas méconnaître qu'un ouvrage pu-
» blic est de sa nature propriété publique. »

Il fut en conséquence, décidé , à titre de
faveur pour les auteurs et leur famille.

Art. 2. « Les ouvrages des auteurs morts
» depuis cinq ans sont une propriété publi-
» que. »

Nous avons, dans le chapitre 1", fait aper-
cevoir toute la fausseté de cette doctrine ;
présentons ici de nouveau, et sous la forme
d'un argument, ce qui a déjà été dit ; prouvons
que la publication ne contient de la part d'un
auteur qu'une donation très-limitée.

La donation faite par un auteur doit, comme
tout autre acte de libéralité , avoir pour mesure de son étendue la volonté du donateur.

Or , les plaintes toujours renaissantes des
auteurs contre les usurpations des libraires, dé-
montrent , jusqu'à l'évidence, qu'ils n'ont en
aucun tems entendu céder l'exercice utile de
leur propriété.

Donc, il faut conclure que les auteurs, ou
leurs représentans , ont seuls droit à cette
portion de leurs ouvrages, et qu'on ne peut la
leur ravir sans injustice.

Ce raisonnement renverse le système de l'assemblée constituante, puisqu'il en détruit la base. Ajoutons encore que si même il était possible que la volonté d'un auteur fût d'abandonner au public cet exercice utile de sa propriété, le public n'en profiterait pas; car tout le monde n'est pas libraire, graveur, imprimeur; et ceux-là seuls qui exercent ces professions pourraient tirer profit de l'objet donné.

Ainsi le véritable résultat des principes posés par l'assemblée constituante, c'est de dépouiller les auteurs pour enrichir, non pas le public, mais les libraires, les imprimeurs, etc.

L'art. 2 du décret de janvier 1791 n'était directement applicable qu'aux ouvrages dramatiques; mais une fois adoptée, la règle devait être tôt ou tard étendue à tous les ouvrages d'esprit : c'est ce qui eut lieu, lorsqu'en 1793, la convention nationale se chargea d'achever l'œuvre de la constituante, ou, pour parler son ridicule langage, de faire *la déclaration des droits du génie.* La loi qui tendait à ce but sublime fut présentée le 19 juillet et adoptée, sans discussion, sur un rapport du *citoyen* Lakanal, qui ne comportait pas plus

de trois ou quatre minutes de débit (1). « De
» toutes les propriétés, dit-il, la moins sus-
» ceptible de contestation, celle dont l'ac-
» croissement ne peut ni blesser l'*égalité*, ni
» donner d'ombrage à la *liberté*, c'est sans
» contredit celle des productions du *génie* ; et
» si quelque chose doit étonner, c'est qu'il
» ait fallu une loi positive pour reconnaître
» cette propriété, assurer son libre exer-
» cice........, et ramener aux élémens de la
» justice commune........... L'impression peut
» d'autant moins faire des productions d'un
» écrivain, une propriété publique, que l'exer-
» cice utile de la propriété de l'auteur, ne
» pouvant se faire que par ce moyen, il s'en-
» suivrait qu'il ne pourrait en user, sans la
» perdre à l'instant même. »

Ces idées sur la propriété des ouvrages d'esprit sont bien opposées aux maximes de l'assemblée constituante ; et après le rapport où
elle se trouvent énoncées, l'on devait attendre,
sans doute, une loi qui assurât aux auteurs et à
leurs familles un droit de propriété perpétuel.
Néanmoins, ce second décret admit les prin-

(1) Nous avertissons que la citation est textuelle ; car nous
ne voulons pas prendre sous notre responsabilité le style du
citoyen Lakanal.

cipes du premier ; en voici les principales dispositions :

Art. 1er. Les auteurs d'écrits en tous genre ,
les compositeurs de musique , les peintres et
les dessinateurs qui feront graver des tableaux
ou dessins, jouiront durant leur vie du droit
exclusif de vendre, faire vendre, distribuer
leurs ouvrages en France , et d'en céder la
propriété en tout ou partie.

Art. 2. Leurs héritiers ou cessionnaires jouiront du même droit, pendant l'espace de dix
ans, après la mort des auteurs, etc....

C'est là , je crois, une preuve sensible du
peu de soin que la convention mettait à faire
concorder ses lois et ses discours ; car après
avoir posé en principe, par l'organe de son
rapporteur , que la propriété littéraire est in-
violable, elle décida qu'on la violerait dix ans
après la mort des auteurs.

Le décret du 19 juillet 1793 a été modifié,
en ce qui touche la propriété littéraire, par
le règlement sur la librairie, rendu le 5 février 1810. Les articles 39 et 40 sont ainsi
conçus :

Art. 39. « Le droit de propriété est garanti
» à l'auteur et à sa veuve pendant leur vie, si
» les conventions matrimoniales de celle-ci

» lui en donnent le droit, et à leurs enfans
» pendant vingt ans. »

Art. 40. « Les auteurs, soit nationaux,
» soit étrangers, de tout ouvrage imprimé
» ou gravé, peuvent céder leur droit à un
» imprimeur ou libraire, ou à toute autre
» personne, qui est alors substituée en leur
» lieu et place, pour eux et leurs ayant cause,
» comme il est dit à l'article précédent. »

Ces deux lois de la convention et du gouvernement impérial sont encore aujourd'hui les seules dispositions qui régissent la propriété des ouvrages d'esprit. On peut, en les comparant à l'arrêt du conseil de 1777, juger si le sort des auteurs est amélioré depuis la révolution.

CHAPITRE IV
ET DERNIER.

RÉFUTATION DE QUELQUES OBJECTIONS,
ET CONCLUSION.

Si l'on a lu avec attention le chapitre précédent, l'on a dû remarquer que les lois rendues sur la propriété des ouvrages d'esprit, depuis le 4 août 1789, ajoutèrent, toutes, à la jouissance posthume des familles d'auteurs, et qu'elles avaient ainsi, malgré leur imperfection, une certaine tendance au vrai principe, tant il est difficile de s'en écarter, et naturel d'y revenir.

Le décret du 13 janvier 1791 commença à réédifier ce que la loi du 4 août avait complètement ruiné; il accorda aux auteurs la jouissance viagère, et à leurs héritiers cette même jouissance, pendant cinq années.

Le décret du 19 juillet 1793 prolongea de cinq ans le délai de la jouissance des familles, et tel était déjà l'empire de la vérité, que le rapporteur de la convention ne put s'empêcher d'avouer que la propriété des ouvrages d'esprit était la plus inattaquable de toutes les propriétés.

Le règlement du 5 février 1810 doubla de nouveau le délai accordé aux enfans, ce qui le fixa à vingt ans. (1)

C'était avoir beaucoup obtenu, pour le tems ; aujourd'hui, ces concessions sont insuffisantes. Nous ne devons plus nous contenter d'accorder, à titre d'exception et de faveur, des droits que réclament la justice et l'équité. Il faut enfin reconnaître la propriété des ouvrages d'esprit dans toute son étendue, et par de sages lois, la garantir de toutes atteintes.

Il n'entre pas dans notre plan d'examiner à quelles conditions il conviendra de soumettre l'exercice du droit des auteurs. Des malintentionnés se sont déjà saisis de cette question, l'ont rattachée à celle de la liberté de la presse, et en ont pris occasion, pour semer d'odieuses calomnies, et faire naître des craintes absurdes.

Nous ne les suivrons pas dans leurs diva-

(1) Cette dernière loi ne concerne que les auteurs d'écrits littéraires ou autres.

gations ridicules; mais toutefois, pour ne pas paraître reculer devant une difficulté, nous admettrons que les deux questions doivent être connexes, et nous dirons que les lois sur la presse nous semblent incomplètes, en ce qu'elles se contentent de punir les délits, et ne tendent pas à les prévenir. Nous croyons qu'il serait urgent de concilier le principe posé par l'article 8 de la charte constitutionnelle (1), et les précautions que réclame la sûreté publique. Aujourd'hui, la circulation des écrits est si rapide, leur effet est si prompt, que l'on est d'accord sur l'inefficacité des saisies. Peu d'heures après sa publication, un ouvrage, capable de piquer la curiosité, a souvent produit tout le mal qu'il peut faire. L'auteur sera puni, dit-on ! la punition tardive d'un auteur empêchera-t-elle les récits controuvés, les insinuations perfides, les maximes immorales et dangereuses de circuler avec l'écrit coupable. Mais la punition sera publique, et la fausseté des faits, des doctrines rendue patente! Eh quoi ! ignore-t-on que ceux qui lisent les

(1) *Charte constitutionnelle*, art. 8. « Les Français ont le » droit de publier et de faire imprimer leurs opinions en se » conformant aux lois qui doivent réprimer les abus de cette » liberté. »

pamphlets, n'en lisent pas les réfutations? Ne sait-on pas qu'un jugement de condamnation fut, pour maint écrivain, un brevet de recommandation auprès de bien des gens?

Nos lois sur la presse réclament donc des améliorations, et nous souhaitons qu'il soit possible de les obtenir, en consolidant la propriété des ouvrages d'esprit; elle acquerrait ainsi de nouveaux droits à la protection du gouvernement, puisqu'elle deviendrait, pour la France entière, un gage de tranquillité.

Nous avons passé sous silence des déclamations qui ne prouvent rien contre l'utilité et l'opportunité de la mesure que nous sollicitons; mais, maintenant, nous allons tâcher de prévoir les objections raisonnables qui, sans doute, nous seront faites, et nous nous efforcerons d'y satisfaire.

On a déjà dit, et on répétera peut-être : « Qu'en assurant aux auteurs de nouveaux » avantages, ils pourront se trouver entraînés » à spéculer sur leurs propres talens; qu'ils » travailleront pour l'argent, et non pour » leur renommée; qu'enfin ils préféreront les » ouvrages honorables et fructueux aux plus » glorieux et aux plus utiles. »

Ceux qui ont fait cette objection ne connaissaient certainement pas l'état actuel de la législation sur la propriété littéraire. Ils ignoraient, qu'aujourd'hui, tout auteur a droit de jouir de son ouvrage pendant sa vie entière, et que sa famille conserve cette même jouissance dix ou vingt ans après sa mort. Or, dans cette situation, comment l'artiste, l'écrivain peuvent-ils avantageusement *spéculer?* En faisant des ouvrages dont le succès ne puisse s'étendre au-delà du terme de jouissance accordé par les lois en vigueur; en produisant des croquis, des ébauches légères, qui coûtent quelques heures de travail et durent autant que le goût d'un public changeant. Ainsi quand le droit d'auteur périt, l'ouvrage est déjà mort lui-même depuis long-tems, et la librairie, le commerce recueillent une valeur négative. Que si, au contraire, la propriété littéraire était reconnue, l'intérêt d'argent deviendrait le même que l'intérêt de gloire; car plus un ouvrage renfermerait d'élémens de durée, plus élevée serait sa valeur pécuniaire. La seule bonne manière de *spéculer* sur les lettres et les arts, serait donc, alors, de faire des ouvrages durables.

« Mais ne sera-t-il pas à craindre, en re-
» connaissant une propriété littéraire indéfi-

» nie, que tout libraire propriétaire d'un bon
» ouvrage n'en fixe arbitrairement le prix, et
» ne mette le public dans l'alternative de se
» passer d'un bon livre, ou de le payer quatre
» fois plus qu'il ne vaut? Tous les libraires,
» forcés d'acheter, des auteurs ou de leurs hé-
» ritiers, la permission de réimprimer, ne se
» trouveront-ils pas obligés d'élever de beau-
» coup le prix de leurs livres? »

Nous allons répondre divisément à ces deux objections.

La première aurait eu quelque importance dans le tems où les livres étaient peu communs; elle est sans force aujourd'hui, qu'ils sont devenus si nombreux. Elle ne s'applique d'ailleurs qu'aux ouvrages de première nécessité, tels que les livres saints, les ouvrages élémentaires et historiques, les codes, les auteurs grecs et latins. Or, la plupart demeureront, par leur nature même, propriété publique; et les autres, dans le cas très-rare que suppose l'objection, pourront être facilement suppléés; car chaque sujet a été traité par vingt auteurs différens. Il sera donc impossible de spéculer sur la nécessité.

On ne doit pas craindre davantage de voir hausser, d'une manière sensible, le prix de tous les livres. Le grand nombre d'éditions diverses existant déjà dans le commerce, empêchera les auteurs ou leurs héritiers de faire des demandes immodérées aux libraires, quand ceux-ci voudront acheter le droit de réimprimer. Il sera même dans l'intérêt des uns et des autres que les éditions nouvelles puissent être offertes à bon marché et s'épuisent promptement. Jugeons, au reste, de ce qui arrivera par ce qui se passe chaque jour sous nos yeux. Voyons-nous les productions les plus en vogue des auteurs vivans, taxées à des prix trop élevés? Non, sans doute; leur valeur est la même, ou peu s'en faut, que celle des ouvrages anciens ; et cependant ces auteurs se hâtent de jouir d'un droit périssable ! Les réimpressions ne devront donc subir qu'une augmentation imperceptible.

Pour en finir avec ces deux objections, ajoutons encore un mot : il est une puissance, plus forte que les lois et la cupidité, qui a su, et saura maintenir dans les bornes de la modération les libraires, les auteurs et leurs héritiers ; cette puissance, tout immorale qu'elle puisse être, nous la croyons indestructible: elle s'appelle la contrefaçon (1).

(1) Ou mieux la contrefaction.

Il est une dernière objection plus impor-
tante que toutes les autres ; elle nous a été
suggérée, et nous nous assurons qu'elle doit
partir d'un esprit aussi juste qu'éclairé, capable de saisir, au premier coup d'œil, le côté
faible d'un projet. « Pensez-vous, a-t-on dit,
» que les étrangers ne chercheront pas à pro-
» fiter de l'avantage d'imprimer les ouvrages
» français sans payer aucun droit aux auteurs?
» La librairie française, incapable de soute-
» nir la concurrence, ne se verra-t-elle pas
» privée de tout commerce extérieur ? et même
» les étrangers ne s'efforceront-ils pas d'in-
» troduire en France les produits de leurs
» presses? Pour les repousser, faudra-t-il créer
» une nouvelle armée de douaniers? »

Pendant long-tems, ces questions pressantes
nous ont paru sans réponse, et ce n'est pas
sans efforts que nous avons enfin trouvé les
moyens d'y satisfaire.

Nous convenons que si l'étranger pouvait
imprimer les ouvrages français sans plus de
dépenses que nos libraires, nous aurions, en
luttant avec eux, quelque désavantage, et que
notre commerce extérieur pourrait peut-être
en souffrir. Mais il n'en est pas ainsi ; la li-

brairie française l'emporte sur toutes les autres par la beauté de ses produits, et surtout par la modicité de ses prix ; l'augmentation qui aurait lieu ne suffirait pas pour nous faire perdre cette supériorité. D'un autre côté, les étrangers ne pourraient pas, sans des dépenses extraordinaires, établir des imprimeries françaises ; car il leur faudrait tirer de France et les caractères et les ouvriers ; en résultat, ils n'obtiendraient que des éditions incorrectes. Les Belges, les Sardes seraient , il est vrai, dans une position plus favorable, puisque la langue française leur est commune avec nous ; mais notre supériorité en typographie , l'immense variété des produits de notre librairie empêcheraient seules qu'ils pussent tirer avantage de l'augmentation que nos prix subiraient. Nous avons dit que cette augmentation serait légère , ajoutons qu'elle le deviendrait d'autant plus , que l'on aurait plus d'intérêt à contrefaire. En effet, si un livre doit avoir un grand nombre d'éditions, les bénéfices d'auteur, répartis sur une énorme quantité de volumes, sont imperceptibles pour les acheteurs. Prenons pour exemple les œuvres de Voltaire, réimprimées avec fureur depuis huit ans. L'on croit sans doute que si, dès 1817, la propriété littéraire avait été reconnue, les contrefacteurs étrangers se seraient enrichis aux dépens des libraires français, parce qu'ils auraient pu contenter à meilleur marché cette manie endémique d'acheter des livres qu'on ne lit pas ou qu'on ne lit guère. Examinons donc de combien les droits d'auteur auraient pu élever le prix des éditions françaises.

Depuis 1817 l'on a entrepris vingt-six ou vingt-sept éditions de Voltaire ; si ses héritiers avaient exigé 3,000 fr. pour chaque édition, ils auraient recueilli environ 80,000 fr. en huit années, ce qui fait un assez beau revenu. Mettons, par terme moyen, le nombre des volumes à soixante-dix, et celui des exemplaires à quinze cents, il en résulte que le prix de chaque volume se serait trouvé augmenté de quinze centimes environ. Il en eût été de même des ouvrages de Buffon. Les œuvres de Racine, Corneille, Molière, qui comportent beaucoup moins de volumes, auraient subi une augmentation de vingt centimes au plus. Et qu'on ne nous objecte pas que nous citons seulement les livres recherchés du public ; car, ceux-là seuls seraient contrefaits :

irait-on imprimer à l'étranger des ouvrages que l'on peut à peine écouler à Paris? Le libraire en serait pour ses frais.

Nous devons donc conclure que si l'étranger imprime les ouvrages dont le débit est facile, il ne pourra en aucun cas les donner à meilleur compte que les libraires français; que s'il en imprime d'autres, il pourra peut-être les livrer à plus bas prix qu'en France, mais que le débit sera très-borné et par cela même de peu de conséquence.

Les mêmes motifs qui empêcheront les étrangers d'entrer en concurrence pour le commerce extérieur, s'opposeront à ce qu'ils tentent d'introduire en France les produits de leurs presses. Dans ce dernier cas, d'ailleurs, ils auraient un nouveau désavantage, celui de payer des frais de transport. Je ne parle pas de la chance d'être saisis par la douane, et pourtant cette saisie serait presque inévitable; car les douaniers qui empêchent l'introduction des montres, des dentelles, des bijoux, et mille autres objets d'une grande valeur et d'un petit volume, ne laisseraient pas échapper à leur surveillance les produits typographiques, qui, comparativement, sont très-volumineux.

Enfin, quand la mesure sollicitée entraînerait quelques légers inconvéniens, ne seront-ils pas compensés par des avantages sans nombre; et ne faut-il pas dans ce monde, où tout est imparfait, regarder comme juste et bon ce qui présente beaucoup de résultats avantageux, et n'en présage que très-peu de nuisibles ?

Nous venons de reproduire avec franchise, et sans les affaiblir, les objections que nous avons pu prévoir. Nous nous flattons de les avoir détruites; ainsi, nos argumens en faveur de la propriété littéraire demeurent dans leur entier. Nous pensons avoir démontré que toutes les propriétés étant solidaires en France, il importe d'affermir la propriété des auteurs, comme on a affermi la propriété territoriale; que cet acte de sagesse serait en même tems un acte d'équité, puisqu'il réintégrerait des citoyens utiles dans un droit qui leur était assuré sous l'ancienne monarchie, et que la révolution seule a détruit; qu'une telle mesure favoriserait le progrès des arts et des lettres, parce que, grâce à elle, les auteurs pourraient, à l'avenir, confondre les intérêts de leur gloire et ceux de leur famille.

De tels motifs feront, n'en doutons pas, accueillir notre réclamation; mais, auprès d'un prince ami des lettres, auprès de Charles **X**, ne suffisait il pas qu'elle eût pour résultat nécessaire de mettre en évidence, de faire connaître à jamais, la postérité de ceux de nos concitoyens qui s'illustrèrent dans les arts et dans les lettres? La noblesse française tire son origine des hommes qui se rendirent fameux par des services publics; leurs descendans se contentent-ils de voir les noms de leurs glorieux ancêtres écrits dans l'histoire? non, ils se parent de leurs noms, et conservent précieusement leurs titres. Eh bien, en créant la propriété littéraire, le Roi créera, en quelque sorte, une noblesse littéraire; car il lui rendra ses titres. Qui ne serait fier de compter parmi ses aïeux un Racine, un Corneille, un Montagne; de tels noms ont aussi leur lustre. Les titres qui les ont ennoblis sont incontestables, et pourraient, sans désavantage, figurer à côté des chartes antiques. Déjà même, de nobles archives se sont ouvertes pour en recevoir de tels : « car le talent de s'immortaliser par les » lettres n'est une qualité mésavenante à quel- » que rang que ce soit. La guirlande d'Apol-

» lon s'entrelace sans honte sur le même front
» avec celle de Mars; et il est beau de savoir
» instruire, pendant la paix, ceux dont on a
» vaincu les ennemis, et fait le salut pendant
» la guerre. »

FIN.

PARIS, DE L'IMPRIMERIE DE PILLET AÎNÉ,
rue des Grands-Augustins, n. 7.